William Junior KADJI

À Mère !

William Junior KADJI

À Mère !

L'Art d'Aimer

Éditions Muse

Imprint

Cover image: Fourni par l'auteur

Publisher:
Éditions Muse
is a trademark of
Dodo Books Indian Ocean Ltd. and OmniScriptum S.R.L publishing group

120 High Road, East Finchley, London, N2 9ED, United Kingdom
Str. Armeneasca 28/1, office 1, Chisinau MD-2012, Republic of Moldova, Europe
Printed at: see last page
ISBN: 978-620-4-96887-2

MÈRE !

RECUEIL DE 7 POÈMES

À MÈRE

C'est avec les larmes aux yeux que j'écris ceci mère.

Neuf mois passé dans ton ventre,
Tu m'as appris à marcher
A jouer, à aller à l'école
Me voici grand
J'ai tout essayé
Le respect, la politesse, l'honnêteté
Que tu m'as appris sont mes vertus
Mon plus grand bonheur est de te voir heureuse
Mais je ne peux pas
Je ne peux le réaliser mère
Je ne peux pas
Je suis désolé mais je ne peux pas

La vie ou nous vivons est très difficile
Elle est très difficile

Mère je ne peux pas
Cette vie est très difficile

Tant d'argent, versé à l'école
Une telle somme
Où la prends-tu ?
Que fais-tu dans la vie ?
Où prends-tu tout cet argent ?
Utilise-le (je voulais te le dire)
Perle toi d'or, de saphir et de diamant, car je ne pourrai te l'offrir

Je ne pourrai point
Achète ton plus beau vêtement, maison Gucci, Versasse, H$F

Vêts-toi femme
Vêts-toi
Vêts-toi
Souris, va et dance avec tes amis(ies)
Mère je ne peux pas
Je ne peux pas
Je voulais bien te dire réalise ton rêve mais je ne le dirai point

Car tu diras mon rêve << c'est de voir mon fils réussir >>

Pense à toi mère
Pense à toi femme
Pense à toi

Pense à toi
Je ne peux rien y faire
Mais, quand tu arriveras au paradis
Dieu te comblera.
Bijoux, écharpe, voile, basin il t'habillera
Parce que tu es sa fille
Et ; il entend mes larmes frappées ce bout de papier

Il l'entend femme
Il l'entend, car il entend tout.

Où prends-tu de l'argent mère ?
Une telle somme, ou la prends-tu ?
Que fais-tu dans la vie ?
Que fais-tu femme ?
Que fais-tu dans la vie ?
Sous soleil
Tu t'éloignes
Sous la pluie

Tu t'y mets

Où vas-tu femme ?

Où vas-tu ?

A la *quinquagénarité*

Où vas-tu sur le soleil ?

Reste à la maison

Je te rationnerai

Je te trouverai une maîtresse de maison

Tout ce que tu voudras

Mais mère où prendrai-je de l'argent pour faire tout cela ?

Où prendrai-je de l'argent ?

Mais le simple fait de le penser me rend heureux

Si je suis heureux, tu es comblé de joie.

Te rappelles-tu quand je t'ai dit que << je passerai mon examen et sortirai major national en Sécurité réseau>>

Au lieu de cela je suis sorti cinquante septième national

Que m'as tu dis mère ? << je suis contente que tu aies passé mon fils, je suis contente >>

Pourquoi mère

Pourquoi ?

Vis ta vie dans le bonheur

Vie là !

Quelques mois plus tard

Je te dis à nouveau << Avec ma moyenne au brevet, je disposerai mes dossiers pour un concours "

Je pouvais entendre ton sourire de l'autre côté du téléphone et me dis <<On te sélectionnera>>

Mais quelques semaines plus tard encore un échec, tu répliquas a nouveau << Je suis content pour toi mon fils >>

Mère, laisse-moi m'en aller

Laisse-moi m'en aller

Loin

Loin de toi

Loinnn.

Où mon chagrin et mon état cessera de te déprimer

Où mon amour t'accompagnera

Où mes pensées te suivront et mes prières te bénirons.

Où tes peines couleront et joie l'époussettera

Par toi
Je comprends mieux pourquoi le Dieu affirma :
<< Une femme peut-elle oublier le fruit de ses entrailles ... >>
Même aux yeux du Divin, c'est difficilement concevable.

J'irai, loin
Où mon désespoir ne t'affectera point
Où mes larmes sècheront sans avoir besoin qu'elles se fassent éponger par ton pagne noué autour de la hanche.

J'irai loin
Très loin

Où mes lettres apaiseront ton cœur, pour te faire parvenir l'ironie de mon existence.

Où mon écume ne t'opprimera point

Situé à deux cent kilomètre de toi

Aujourd'hui grand garçon

Mon cœur peine !

Si difficile loin de toi, comment ferai-je pour me marier mère ?

Deux cent soixante-dix jours éloignés, deux cent soixante-dix appels tu me l'as placé
Mère oubli moi
Comment peux-tu toujours y penser à moi

Vas-y occupe-toi de toi
De cette belle créature
Ris, dance, va et amuse-toi.
Fait ta vie
Pare toi d'huile et de perle
Apprécie ton existence !

Oh femme !

Dont l'odorat est semblable à ceux des Séraphins
Dont l'amour ne tarit point

Oh Mère !

Te dire que tu es belle
Serait commettre une offense à ton égard

Si le mot Splendide est fait pour caractériser quelque chose de précieux
Alors il faudrait un nouvel élément à Larousse pour caractériser ton unicité.
Dans ce dernier
Je graverai à cette bibliothèque
Un unique synonyme de bellissime
Pour qualifier ton éclat

Si la vie n'était que poésie
Alors je ferai de toi une rivière qui coule et ne tarit point

Je te bâtirai selon la structure du nombre pi
Je te représenterai comme une droite qui ne se termine point

Je prendrai tes erreurs pour une leçon et tes conseils pour une bénédiction

femme !
Si ma récompense envers toi est une portion de terre
Alors où habiterons actuellement les Hommes ?

Quand seras-tu heureuse femme ?
Quand seras-tu heureuse mère ?

Dis-le-moi, quand ?

Ton fils a échoué car cette vie est difficile, elle est si difficile mère.

<< N'oublie jamais d'où tu viens mon fils >>

Mère, tu me l'as toujours dis

Où la machette et la houe sont considéré comme des armes pour défendre notre patrie.

Oh femme, je te l'eus posé :
<< Comment un ministre, un député, un haut placé du gouvernement pourrait-il toujours utiliser la houe après tant d'argent ? >>.

Femme au cœur pur,
Donc l'amour et la tendresse ne suffirais point, pour caractériser ton altruisme,

Dont l'égoïsme et la rancune n'existerai que dans des contes et des fables relatés par la fontaine

Donc les bénédictions ne suffiraient pour couronner ton parcours sur cette terre

Tu me répondis les larmes aux paupières :
<< Fils, gouverneur c'est un titre que t'as donné l'État mais ceci est ton existence il t'a vu naître comme je t'ai vu grandir. voudrais-tu renier celle qui ta nourris ; ne ressens tu pas de la pitié à l'intérieur de toi ? >>.

Mère que tes larmes ne se versent point afin de nuire ma prospérité,

Car je vous aime.

Larme sèche toi !

Oh femme !

Une amie me demanda un jour :
« pourquoi mère sur ton téléphone ?
Pourquoi n'enregistres-tu pas son numéro avec des cœurs, des émojis d'amour … ? »
Ce jour-là mère
Je ressentis qu'elle ne comprendra jamais la définition d'amour

femme !
l'Homme ne saurai définir ce que c'est que l'amour

Larousse exprime ce que lui-même trouve difficile à comprendre.

Si Dieu me gracie, je t'achèterai le plus beau vêtement du pays

J'ouvrirai la portière droite et je dirai :
<< femme, ma naïveté et mon inconscience durant tout ce temps n'ont pas su reconnaître ta valeur >>

Je te conduirai et dans le meilleur restaurant de la capitale je t'inviterai dîner

Avec les larmes aux yeux je te dirai :

<<Mère, tu es semblable à Reine Élisabeth !>>

Mais en moi je nourris un rêve, qu'un jour

Pierre après pierre

Mur après mur je bâtirai ton palais auquel je le nommerai
<< Palais de mère >>

Et je dirai avec les larmes aux yeux :
<< Viens femme,
Monte et descend,
Va et revient,
Couche et lève toi
Toupille-toi mère

Crée ton hymne
Achète tes cachets
Établit tes lois
Met à ta disposition des maîtres de maison et maîtresse de chambre

Car sur quatre cent soixante-quinze mille quatre cent quarante-cinq kilomètres carrés que possède ce pays, ici là c'est ta patrie >>.

Ton fils !

LA VIE

Qu'est-ce que la religion ?
Qu'est-ce le football ?
Qu'est-ce que la nature ?
Ces trois géants renient à eux seul forment la vie.

Tu n'as été que discussion de recherche

De l'amour à hypocrisie
De la sagesse à la balourdise

De la vie à la mort
L'Homme peine toute son existence
Les larmes aux yeux
Mon existence semble être un ascèse

Nous vivons comme des personnes qui finissent leur existence sur la terre

Sans percevoir les trois pourcents de la vie qui nous entoure

Oh peuple !

Elle est ainsi

Un monde cadencé et pré-calculé

Oh dirigeant au cœur d'airain.

Que se passerait t'il si une erreur survenait au calcul ?
On n'efface point la vie
Il serait plus fatal que ces bévues enfouis lors du cheminement de calcul

Peuple !
Toi ...,
Que se passerait-il si on n'avait pas de contrôle sur toi ?

Structuré en trois,
Caractéristique d'immuabilité tu l'es,
Comme un enfant,
Il est mis au monde
Ne possédant point de soucis
Il n'est point opprimé
Remets-lui du pain et il en consommera une boulangerie le temps fait

Il n'a point de limite
Pas de rationalité
Il fait tout en excess
Un seul désir pèse en son cœur
Celui de n'avoir point de soucis

De lui,
Les leaders sont formés
Un peu plus discret
Ils ont un sens fin de la vie
Des rêves au passions
Il leur poursuive avec hardiesse
Les limites ils se leur imposes
Ils ont la maîtrise pour l'accès a la gloire
Un seul but précis
Le pouvoir et la richesse
De la, l'hostilité s'oppose a l'altruisme
Ils s'assouvissent juste leurs accomplissements.

On ne le devient point
Mais on naît ainsi
Personne ne vous l'apprendra
Ils parlent peu,
La discrétion ils en ont fait un art

La connaissance est leurs ombres
Voient tous
Savent à peu près tout
Les deux facettes de la vie, ils la maîtrise
Comme des satellites au tour de la terre
Ils la contemplent quotidiennement
A la journée ils sont en visible
La nuit ils passent en mode infrarouge
Ils sont toujours éveillés
Un seul but leur rogue la tête
Celui d'être un dieu
Oh super leader, qui êtes vous ?

FEMME

Insensé L'Homme
Il ne perçoit point les failles du monde qui nous entoure

Le travail lui est un fardeau
La patiente lui est imaginaire
L'humilité lui est biblique
L'homme insensé n'est point conscient

Au rebours,
L'Homme grand se reconnaît grâce a son état d'esprit et sa patiente

Une femme met au monde un leader
Et le monde fabrique un dirigeant

Oh femme ! soit patiente
Femme soyez patiente

De vous sont nés des leaders
De vous sont nés des meneurs

De vous sont nés les virtuoses
De vous sont nés des hautesses

De vous sont nés des byzantinistes
De vous sont nés des protagonistes

Oh Femme,
Comme des Tardigrades
votre corps ne fléchi point

Comme des Aruanus
Ton sein est unique

Un homme voulant faire position dans sa vie
Se tourne vers toi afin d'enrichir son avenir

De ta bouche sorte de belle parole

De ta langue tu la manies comme une ruse

Comme une belle-mère incommode
Tu baisses pavillon comme une commode

De ton corps a surgit Barrack Obama

De ton sein a surgit Nelson Mandela
Femme au cœur pur
Réjouis-toi !
Femme réjouit toi !

Par toi a fleurit le mal
De ce même corps a surgit Adolf Hitler
Femme réjouit toi !
Tu ne peux mettre au monde le cœur d'un enfant
Femme réjouit toi !

Le pardon est ta vertu
La patiente est ton intégrité
L'amour ta qualité
Femme réjouit toi !

De ta main tu châties
De ton cœur tu faiblis
Ange de pleure, Sèche tes larmes !

AFRIQUE

Oh toi !
Afrique de moi !

En ton cœur tu dis

Il m'opprime

Il me maltraite

Toi qui est né d'un père difficile

Le châtiment, tu l'as reçu

D'une enfance difficile,

Ta vie n'a point été facile

Tu médis des paroles obscènes

Tu dis de ta bouche

C'est un monstre

Comme un père châtie son enfant

Tu n'as point pu prendre ta liberté

Comme un enfant adolescent

Tu mets tant de temps pour prendre conscience

De ta bouche tu calomnies

De tes bras tu jouis au plaisir de ta vie

Comme un gamin émancipé

Tu prends tant de temps pour concrétiser

Oh mère de moi ! Fabrique-toi.

Toi !

Par ton intelligence

Tu as renversé le monde

Par ta sagesse tu l'as opprimé

Comme un potier devant un pot d'argile

Tu es maître de la nature

De ta main tu manies la Science

Comme un enfant rusé

Tu es maître de la maison

De l'Est à l'Ouest tu es craint

Du Nord au Sud tu es détesté

Comme un papa exécrable

Tu n'as point pu donner l'essentiel à tes enfants

De la vie tu présentes ta charité

De ton cœur tu la haie

Tu dis il veut prendre sa liberté

Il te répond : << Il l'a l'âge de la majorité >>

maudit sera le jour où il ouvrira les yeux

De sa main il brisera le monde

De son cœur il te haïra

Car l'orgueil tu le lui as gravé cela au cœur

Maudit ce jour

Que je ne sois point présent !

Que j'y ne soit point

ISRAËL

Oh toi Israël !

Pays de mon père

Pays où coule le lait

Pays d'homme sage

Pays Bénit

De ton corps tu germes l'amour

De ta matière grise tu produits le savoir

Toi A qui a été dédié un livre tout entier

Qui es-tu peuple à part ?

De ta bouche tu vernaculaires

Sous peu il se réalise

De ton nom liberté est faite

Tu restes pays à part

Foulé ton sol

Me reste toujours inimaginable

Comme un Eurycea Rathbu

Je n'ai que ouïe pour percevoir tes merveilles

Comme un aîné aime ses cadets

L'amour que je porte vers toi est irréversible

MITARD

Dans des crevasses de latomies

Je n 'ai que sédation en ton esprit

Calme et pondéré

Tu n'es que temple des âmes troublés

Restreint du monde,

Tu procures tranquillité pour une meilleur réflexion

Dans mon esprit frelaté

J'y pense y être en longueur de journée

A l'abri de ce monde impur,

Tu n'es que trépied des âmes perdues

Dans tes enclos liberté est faite

Nos esprits pavanent en bon escient

Loin de mes amis, soit patient de me recueillir.

ORPHELINAT

Comme des enfants qui n'ont point demandé à naître

Vous êtes fruits au lambeau de l 'amour

Dans un monde ou peine est faite

Mon regard se porte à vous

Par vos larmes coulées

Désespoir effacé dans un monde peiné

Au chagrin de mon cœur

Lumière jaillit comme des éclairs

Beauté luit sur vos visages

Vous êtes essence d'un monde perdu

Sur vous, mes espoirs sont voués

Par ses écrits, ombres de lumière vous est faites.

Comme un diamant en profondeur

Toute marquise s'obtient au bout des larmes

En vous voyant, joie m'ait faites

Car l'ombre de votre amour illumine mes pensées

Au cœur des vertus

Je n'ai qu'âme perdu

Affliction à mes connaissances

Car mon cerveau n'est que liasse d'un monde épars

Afin que vous ne soyez point semblable a moi

Je ferai de vous tremplin d'un monde meilleur

Aux yeux de mes larmes

Je n'ai que foi au Seigneur.

Table des matière

Printed by Books on Demand GmbH, Norderstedt / Germany